¡Comunícate!

Trabalenguas

Dona Herweck Rice

Créditos de publicación

Conni Medina, *M.A.Ed., Gerente editorial*
Nika Fabienke, *Ed.D., Realizadora de la serie*
June Kikuchi, *Directora de contenido*
Caroline Gasca, M.S.Ed., *Editora*
Michelle Jovin, M.A., *Editora asociada*
Sam Morales, M.A., *Editor asociado*
Lee Aucoin, *Diseñadora gráfica superior*
Sandy Qadamani, *Diseñadora gráfica*

TIME For Kids y el logo TIME For Kids son marcas registradas de TIME Inc. y se usan bajo licencia.

Créditos de imágenes: Todas las imágenes de iStock y/o Shutterstock.

Teacher Created Materials
5301 Oceanus Drive
Huntington Beach, CA 92649-1030
http://www.tcmpub.com
ISBN 978-1-4258-2702-1
© 2018 Teacher Created Materials, Inc.
Printed in China
Nordica.012018.CA21701376

Contenido

¡Trabado!

Cinco compañeros compitieron contentos en el coloquial concurso.

Trey trovó: "¡Tiempo de trabalenguas!".

Leo leyó: "¡Yo lloro si lloras, si lloras yo lloro!".

Pippa proclamó: "Pepe Pecas pica papas con un pico".

Raúl respondió: "Rápido ruedan las ruedas del ferrocarril".

Cuau contó su **ocurrencia**: "Cuentas cuentos, cuenta cuántos cuentos cuentas".

Trabalenguas

Los trabalenguas pueden ser palabras, frases u oraciones. Son difíciles de decir. ¿Por qué son tan difíciles? Los trabalenguas tienen letras o sonidos que son o suenan iguales.

5

Los amigos recitaron trabalenguas una y otra vez. Murmuraron y **tartamudearon**. Finalmente, tenían la lengua demasiado **trabada** como para decir otra palabra. Después simplemente rieron.

Muchos creen que recitar trabalenguas es divertido. ¡Les gusta el desafío! Quieren ver si logran recitar un trabalenguas sin que se les trabe la lengua. Pero cuanto más rápido hablan, más difícil es.

Tres veces y rápido

No es suficiente recitar un trabalenguas una vez. Para que sea más difícil, ¡intenta recitarlo tres veces y rápido! Si logras hacerlo rápidamente (y correctamente) tres veces seguidas, ¡lograste dominar ese trabalenguas!

Trabalenguas

"El pájaro púrpura parpadea".

¿Puede trabarse la lengua?

¿Qué pasa cuando las personas recitan trabalenguas? ¿Realmente se les traba la lengua? No, no se traba. Los sonidos de las palabras suelen ser similares. Eso hace que recitarlos correctamente sea difícil. ¡Parece como si la lengua se trabara!

Trabalenguas

"Treinta y tres tramos de troncos trozaron tres tristes castores".

"...trozaron tres tristres castores".

9

Incluso una persona sin problemas para hablar puede tener dificultades con un trabalenguas. Es posible que no pronuncie con claridad. Tal vez tenga que decir muy lentamente las palabras. El cerebro parece indicar lo correcto. ¡Pero la boca no pronuncia correctamente! Las palabras salen **desordenadas** y mezcladas.

El poder del cerebro

Hay miles de millones de células nerviosas en el cerebro de las personas. Esos nervios envían señales al resto del cuerpo. Controlan todo lo que decimos y hacemos.

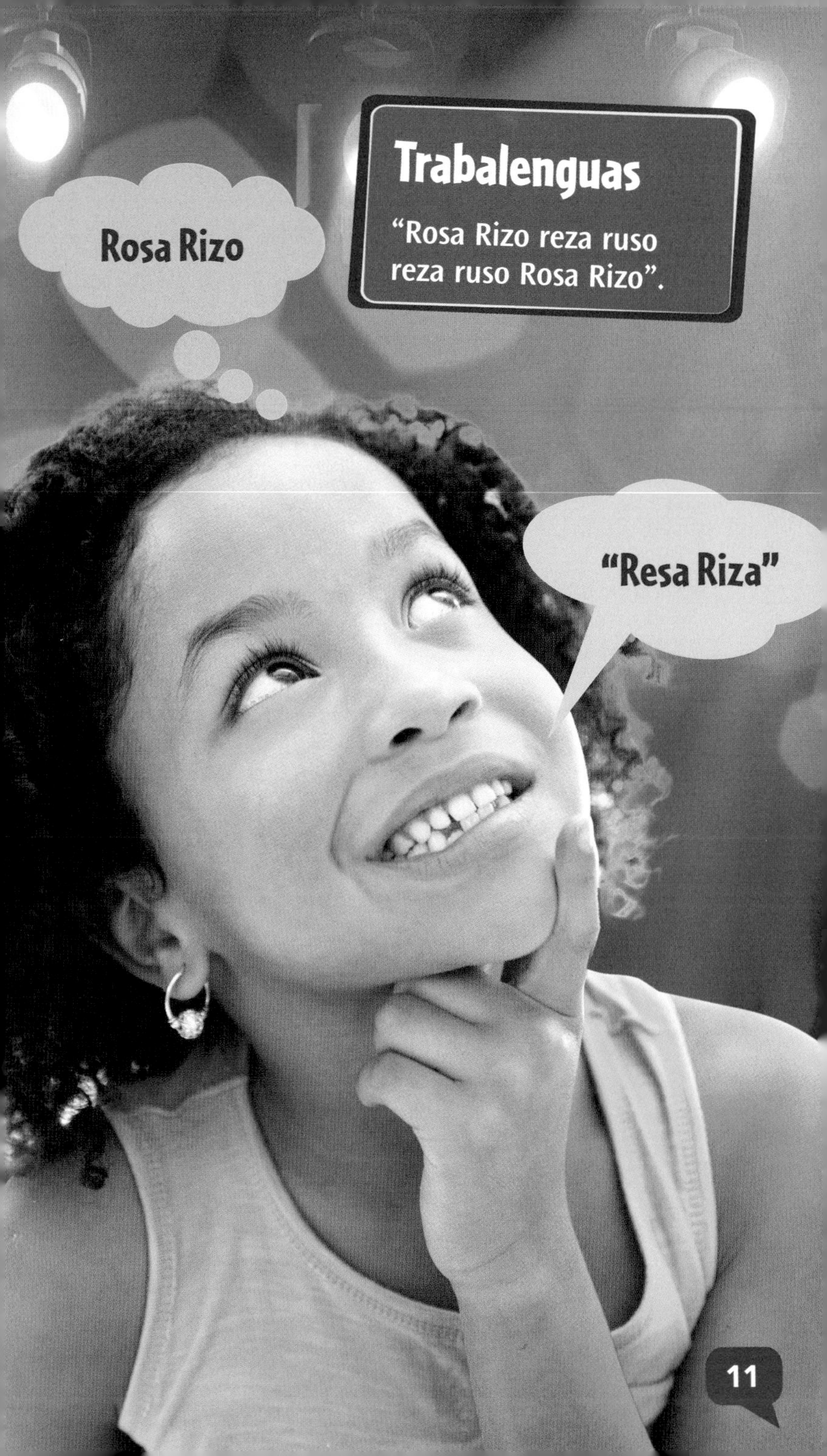

Trabalenguas

"Rosa Rizo reza ruso reza ruso Rosa Rizo".

La ciencia detrás de los trabalenguas

Para comprender los trabalenguas, primero debes saber de qué manera los humanos forman los sonidos. Para hablar, se necesita usar el cerebro, la boca, los pulmones y la laringe. La laringe es un **órgano** de la garganta. Forma una especie de pasaje hacia los pulmones. El aire circula por ese pasaje cuando respiramos y hablamos.

Trabalenguas

"Camarón caramelo, camarón caramelo, camarón caramelo…".

Por el "conducto equivocado"

La laringe sube cuando nos preparamos para tragar. Esto evita que los alimentos y los líquidos se vayan a los pulmones. ¿Qué pasa si la comida trata de pasar la laringe? Un **instinto** natural evita que nos ahoguemos. ¡Tosemos!

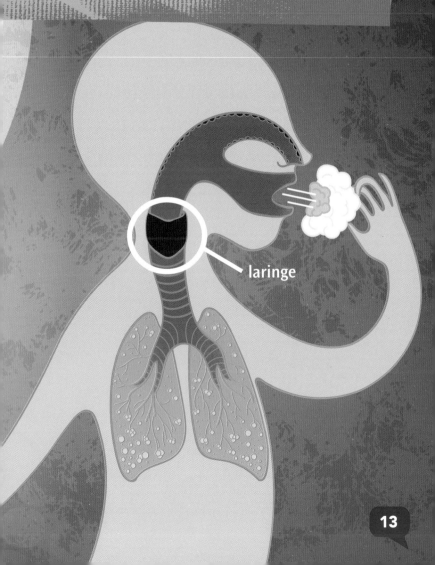

laringe

Dentro de la laringe están las cuerdas vocales. Cuando una persona habla, las cuerdas vocales se acercan. El aire que sa de los pulmones mueve las cuerdas vocale rápidamente de un lado a otro. Esto ayud crear el sonido.

Observa el interior de un piano cuand está sonando. Las cuerdas internas **vibran** También puedes ver cómo vibran las cuerdas de una guitarra cuando las rasgue La vibración produce sonido. Esto tambié sucede con las cuerdas vocales.

Trabalenguas

"Pueblo blanco, blanco pueblo, pueblo blanco…".

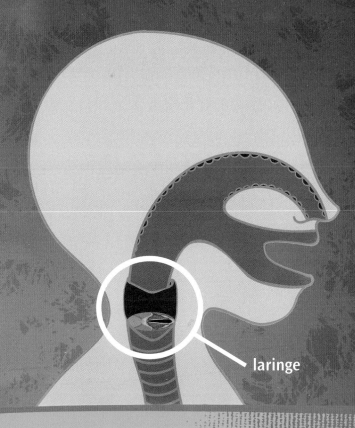

laringe

Cuerdas vocales

abiertas

cerradas

El cerebro dice: "¡Habla!"

Cuando una persona quiere hablar, el cerebro envía señales a la laringe. Le indica qué hacer. También controla el tono, o cuán alto o bajo es el sonido. Todas las personas tienen un tono vocal. Es diferente en cada caso. Por eso, algunas personas tienen una voz grave y otras, una voz aguda.

Trabalenguas

"El sapo sapote no come camote...".

Luego, las señales van del cerebro a la boca. Esto se debe a que los sonidos que una persona emite se forman en la boca. Los dientes, la lengua, los labios y el paladar cumplen una función importante. El paladar es el techo de la boca. Estas partes trabajan en equipo para formar los sonidos que emitimos al hablar.

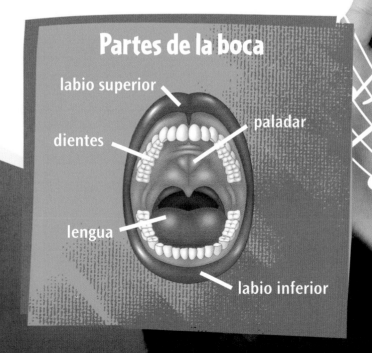

Partes de la boca

labio superior

paladar

dientes

lengua

labio inferior

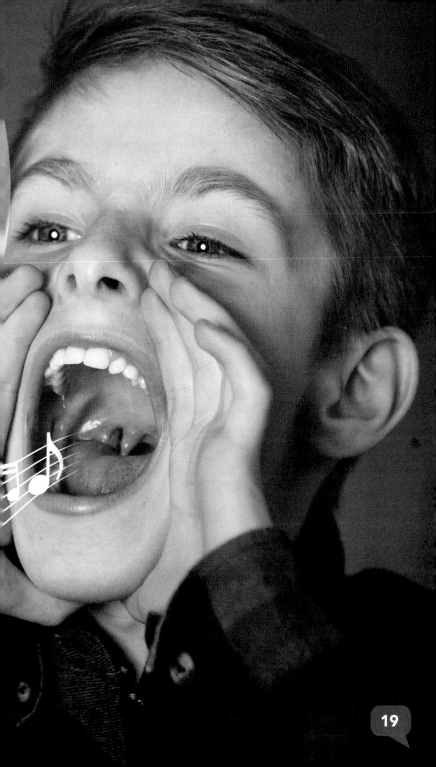

Se usan distintas partes de la boca para producir los diferentes sonidos. Sonidos como *s*, *ch* y *t* se forman en la parte delantera de la lengua. Otros como *g*, *j* y *k* se forman en la parte trasera. Para otros sonidos, como *b* y *m*, se usan los labios. Algunas vocales, como la *o*, se forman con los labios redondeados y otras, como la *a*, no.

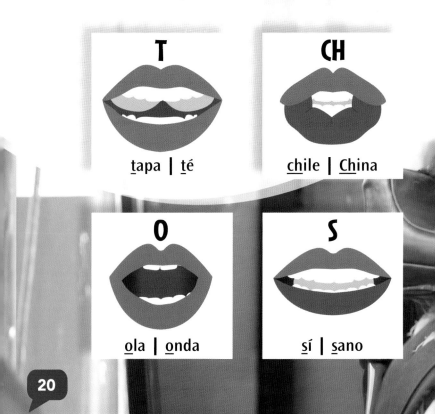

T

tapa | té

CH

chile | China

O

ola | onda

S

sí | sano

Trabalenguas

"Techas tu choza, techas tu choza, techas tu choza…".

Algo anda mal

Las personas creen que no pueden recitar un trabalenguas porque la lengua se vuelve **torpe**. Pero no es por eso.

El cerebro controla el habla. Las señales para formar algunos sonidos van a la misma parte de la lengua. Al cerebro se le hace difícil enviar dos señales al mismo lugar y al mismo tiempo. La lengua vacila debido a las señales confusas.

Trabalenguas

"La oveja se queja con la vieja jefa...".

Parecidos

Por lo general, el cerebro voltea sonidos que se forman en la misma parte de la boca. Por ese motivo los sonidos de la *y* y la *ll* de "Yo lloro si lloras" se confunden fácilmente.

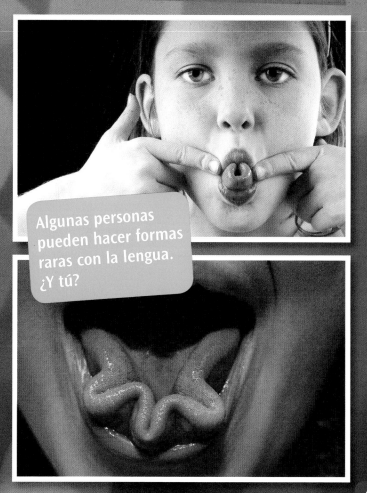

Algunas personas pueden hacer formas raras con la lengua. ¿Y tú?

Tartamudeo

El tartamudeo y los trabalenguas tienen algo en común. Ambos comienzan en el cerebro. Los científicos no están seguros de por qué algunas personas tartamudean, pero creen que las señales vocales pueden tener algo que ver con ello. Estas señales pueden venir de otras partes del cerebro en el caso de quienes tartamudean. Pueden aprenderse formas de controlar la tartamudez.

¿Qué es el tartamudeo?

Puede ser repetir el mismo sonido. O puede ser emitir el mismo sonido durante mucho tiempo. También puede ser que una persona no pueda decir una palabra que habitualmente puede decir. Como cinco de cada cien niños tartamudean.

Trabalenguas

"La carriola roja con ruedas rueda rápido...".

Trabalenguas destrabados

¿Qué puedes hacer si se te traba la lengua? ¡Recuerda que todo comienza en el cerebro! Si hablas lentamente, tu cerebro podrá enviar las señales correctas para que lo digas claramente. También sirve practicar. Tu cerebro puede aprende algo nuevo si practicas. ¡Incluso podrías convertirte en el próximo campeón del concurso de trabalenguas!

Trabalenguas

"Uvas negras griegas, uvas negras griegas…".

¿Un nuevo campeón?

A continuación hay un trabalenguas difícil:

La pícara pájara pica la típica jícara. A la típica jícara pica la pícara pájara.

Pero este puede ser más difícil aún:

Tres tristes tigres tragaban trigo en un trigal en tres tristes trastos.

¿Cuál crees que es más difícil de decir tres veces y rápido?

Glosario

desordenadas: en el orden incorrecto o mezcladas

instinto: una forma de comportarse que es natural y no se aprende

ocurrencia: una idea original

órgano: parte importante del cuerpo que tiene una función específica

tartamudearon: repitieron algo varias veces sin poder decirlo de manera fluida

torpe: que se mueve de manera rara

trabada: torpe y que no puede hablar

vibran: se mueven rápidamente de un lado a otro con movimientos cortos